LES VAINES

TENDRESSES

©

SULLY PRUDHOMME

LES VAINES

TENDRESSES

PARIS

ALPHONSE LEMERRE, ÉDITEUR

31, PASSAGE CHOISEUL, 31

M DCCC LXXV

AUX AMIS INCONNUS

Ces vers, je les dédie aux amis inconnus,
A vous, les étrangers en qui je sens des proches,
Rivaux de ceux que j'aime et qui m'aiment le plus,
Frères envers qui seuls mon cœur est sans reproches
Et dont les cœurs au mien sont librement venus.

1

Comme on voit les ramiers sevrés de leurs volières
Rapporter sans faillir, par les cieux infinis,
Un cher message aux mains qui leur sont familières,
Nos poëmes parfois nous reviennent bénis,
Chauds d'un accueil lointain d'âmes hospitalières.

Et quel triomphe alors! quelle félicité
Orgueilleuse, mais tendre et pure nous inonde,
Quand répond à nos voix leur écho suscité
Par delà le vulgaire en l'invisible monde
Où les fiers et les doux se sont fait leur cité!

Et nous la méritons, cette ivresse suprême,
Car si l'humanité tolère encor nos chants,
C'est que notre élégie est son propre poëme,
Et que seuls nous savons, sur des rhythmes touchants,
En lui parlant de nous lui parler d'elle-même.

Parfois un vers, complice intime, vient rouvrir

Quelque plaie où le feu désire qu'on l'attise;

Parfois un mot, le nom de ce qui fait souffrir,

Tombe comme une larme à la place précise

Où le cœur méconnu l'attendait pour guérir;

Peut-être un de mes vers est-il venu vous rendre

Dans un éclair brûlant vos chagrins tout entiers,

Ou, par le seul vrai mot qui se faisait attendre,

Vous ai-je dit le nom de ce que vous sentiez,

Sans vous nommer les yeux où j'avais dû l'apprendre.

Vous qui n'aurez cherché dans mon propre tourment

Que la sainte beauté de la douleur humaine,

Qui, pour la profondeur de mes soupirs m'aimant,

Sans avoir à descendre où j'ai conçu ma peine,

Les aurez entendus dans le ciel seulement;

Vous qui m'aurez donné le pardon sans le blâme,
N'ayant connu mes torts que par mon repentir,
Mes terrestres amours que par leur pure flamme,
Pour qui je me fais juste et noble sans mentir,
Dans un rêve où la vie est plus conforme à l'âme !

Chers passants, ne prenez de moi-même qu'un peu,
Le peu qui vous a plu parce qu'il vous ressemble ;
Mais de nous rencontrer ne formons point le vœu :
Le vrai de l'amitié, c'est de sentir ensemble,
Le reste en est fragile, épargnons-nous l'adieu.

PRIÈRE

Ah ! si vous saviez comme on pleure
De vivre seul et sans foyers,
Quelquefois devant ma demeure
    Vous passeriez.

Si vous saviez ce que fait naître
Dans l'âme triste un pur regard,
Vous regarderiez ma fenêtre
    Comme au hasard.

Si vous saviez quel baume apporte
Au cœur la présence d'un cœur,
Vous vous assoiriez sous ma porte
Comme une sœur.

Si vous saviez que je vous aime,
Surtout si vous saviez comment,
Vous entreriez peut-être même
Tout simplement.

CONSEIL

Jeune fille, crois-moi, s'il en est temps encore,
Choisis un fiancé joyeux, à l'œil vivant,
    Au pas ferme, à la voix sonore,
      Qui n'aille pas rêvant.

Sois généreuse, épargne aux cœurs de se méprendre.
Au tien même, imprudente, épargne des regrets,
    N'en captive pas un trop tendre,
      Tu t'en repentirais.

La nature t'a faite indocile et rieuse,
Crains une âme où la tienne apprendrait le souci,
La tendresse est trop sérieuse,
Trop exigeante aussi.

Un compagnon rêveur attristerait ta vie,
Tu sentirais toujours son ombre à ton côté
Maudire la rumeur d'envie
Où marche ta beauté.

Si, mauvais oiseleur, de ses caresses frêles
Il abaissait sur toi le délicat réseau,
Comme d'un seul petit coup d'ailes
S'affranchirait l'oiseau !

Et tu ne peux savoir tout le bonheur que broie
D'un caprice enfantin le vol brusque et distrait
Quand il arrache au cœur la proie
Que la lèvre effleurait;

Quand l'extase, pareille à ces bulles ténues
Qu'un souffle patient et peureux allégea,
S'évanouit si près des nues
Qui s'y miraient déjà.

Sois généreuse, épargne à des songeurs crédules
Ta grâce, et de tes yeux les appels décevants :
Ils chercheraient des crépuscules
Dans ces soleils levants ;

Il leur faut une amie à s'attendrir facile,
Souple à leurs vains soupirs comme aux vents le roseau,
Dont le cœur leur soit un asile
Et les bras un berceau,

Douce, infiniment douce, indulgente aux chimères,
Inépuisable en soins calmants ou réchauffants,
Soins muets comme en ont les mères,
Car ce sont des enfants.

Il leur faut pour témoin, dans les heures d'étude,
Une âme qu'autour d'eux ils sentent se poser,
Il leur faut une solitude
Où voltige un baiser.

Jeune fille, crois-m'en, cherche qui te ressemble,
Ils sont graves ceux-là, ne choisis aucun d'eux,
Vous seriez malheureux ensemble
Bien qu'innocents tous deux.

AU BORD DE L'EAU

S'ASSEOIR tous deux au bord d'un flot qui passe,
        Le voir passer ;
Tous deux, s'il glisse un nuage en l'espace,
        Le voir glisser ;
A l'horizon, s'il fume un toit de chaume,
        Le voir fumer ;
Aux alentours si quelque fleur embaume,
        S'en embaumer ;

Si quelque fruit, où les abeilles goûtent,

Tente, y goûter ;

Si quelque oiseau, dans les bois qui l'écoutent,

Chante, écouter...

Entendre au pied du saule où l'eau murmure

L'eau murmurer ;

Ne pas sentir, tant que ce rêve dure,

Le temps durer ;

Mais n'apportant de passion profonde

Qu'à s'adorer,

Sans nul souci des querelles du monde,

Les ignorer ;

Et seuls, heureux devant tout ce qui lasse,

Sans se lasser,

Sentir l'amour, devant tout ce qui passe,

Ne point passer !

EN VOYAGE

Je partais pour un long voyage.
En wagon, tapi dans mon coin,
J'écoutais fuir l'aigu sillage
Du sifflet dans la nuit au loin ;

Je goûtais la vague indolence,
L'état obscur et somnolent,
Où fait tomber sans qu'on y pense
Le train qui bourdonne en roulant ;

Et je ne m'apercevais guère,
Indifférent de bonne foi,
Qu'une jeune fille et sa mère
Faisaient route à côté de moi.

Elles se parlaient à voix basse :
C'était comme un bruit de frisson,
Le bruit qu'on entend quand on passe
Près d'un nid le long d'un buisson;

Et bientôt elles se blottirent,
Leurs fronts l'un vers l'autre penchés,
Comme deux gouttes d'eau s'attirent
Dès que les bords se sont touchés;

Puis, joue à joue, avec tendresse
Elles se firent toutes deux
Un oreiller de leur caresse,
Sous la lampe aux rayons laiteux.

L'enfant sur le bras de ma stalle
Avait laissé poser sa main,
Qui reflétait comme une opale
La moiteur d'un jour incertain;

Une main de seize ans à peine :
La manchette l'ombrait un peu;
L'azur d'une petite veine
La nuançait comme un fil bleu;

Elle pendait molle et dormante,
Et je ne sais si mon regard
Pressentit qu'elle était charmante
Ou la rencontra par hasard,

Mais je m'étais tourné vers elle,
Sollicité sans le savoir :
On dirait que la grâce appelle
Avant même qu'on l'ait pu voir

« Heureux, me dis-je, le touriste
Que cette main-là guiderait ! »
Et ce songe me rendait triste :
Un vœu n'éclôt que d'un regret.

Cependant glissaient les campagnes
Sous les fougueux rouleaux de fer,
Et le profil noir des montagnes
Ondulait ainsi qu'une mer.

Force étrange de la rencontre !
Le cœur le moins prime-sautier
D'un lambeau d'azur qui se montre
Improvise un ciel tout entier :

Une enfant dort, une étrangère,
Dont la main paraît à demi,
Et ce peu d'elle me suggère
Un vœu de bonheur infini !

Je la rêve, inconnue encore,

Sur ce peu de réalité,

Belle de tout ce que j'ignore

Et du possible illimité...

Je rêve qu'une main si blanche,

D'un si confiant abandon,

Ne peut être que sûre et franche

Et se donnerait tout de bon.

Bienheureux l'homme qu'au passage

Cette main fine enchaînerait!

Calme à jamais, à jamais sage...

— Vitry! cinq minutes d'arrêt!

A ces mots criés sur la voie

Le couple d'anges s'éveilla,

Battit des ailes avec joie,

Et disparut. Je restai là :

Cette enfant qu'un autre eût suivie,
Je me la laissais enlever.
Un voyage ! telle est la vie
Pour ceux qui n'osent que rêver.

SONNET

A LA PETITE SUZANNE D...

En ces temps où le cœur éclôt pour s'avilir,
Où des races le sang fatigué dégénère,
Tu nous épargneras, Suzanne, enfant prospère,
De voir en toi la fleur du genre humain pâlir.

Deux artistes puissants sont jaloux d'embellir
En toi l'âme immortelle et l'argile éphémère :
Le dieu de la nature et celui de ta mère ;
L'un travaille à t'orner, et l'autre à t'ennoblir.

L'enfant de Bethléem façonne à sa caresse
Ta grâce, où cependant des enfants de la Grèce
Sourit encore aux yeux le modèle invaincu.

Et par cette alliance ingénument profonde,
Dans une même femme auront un jour vécu
L'un et l'autre Idéal qui divisent le monde.

ENFANTILLAGE

Madame, vous étiez petite,
        J'avais douze ans;
Vous oubliez vos courtisans
        Bien vite!

Je ne voyais que vous au jeu
        Parmi les autres;
Mes doigts frôlaient parfois les vôtres
        Un peu...

Comme à la première visite
        Faite au rosier,
Le papillon sans appuyer
        Palpite,

Et de feuille en feuille, hésitant,
        S'approche, et n'ose
Monter droit au miel que la rose
        Lui tend,

Tremblant de ses premières fièvres
        Mon cœur n'osait
Voler droit des doigts qu'il baisait
        Aux lèvres.

Je sentais en moi tour à tour
        Plaisir et peine,
Un mélange d'aise et de gêne :
        L'amour.

L'amour à douze ans! Oui, madame,
    Et vous aussi,
N'aviez-vous pas quelque souci
    De femme?

Vous faisiez beaucoup d'embarras,
    Très–occupée
De votre robe, une poupée
    Au bras.

Si j'adorais, trop tôt poëte,
    Vos petits pieds,
Trop tôt belle, vous me courbiez
    La tête.

Nous menâmes si bien, un soir,
    Le badinage,
Que nous nous mîmes en ménage,
    Pour voir.

Vous parliez des bijoux de noces,
> Moi du serment,
Car nous étions différemment
> Précoces.

On fit la dînette, on dansa;
> Vous prétendîtes
Qu'il n'est noces proprement dites
> Sans ça.

Vous goûtiez la plaisanterie
> Tant que bientôt
J'osai vous appeler tout haut :
> Chérie,

Et je vous ai (car je rêvais)
> Baisé la joue;
Depuis ce soir-là je ne joue
> Jamais.

AUX TUILERIES

Tu les feras pleurer, enfant belle et chérie,
    Tous ces bambins, hommes futurs,
Qui plus tard suspendront leur jeune rêverie
    Aux cils câlins de tes yeux purs.

Ils aiment de ta voix la roulade sonore,
    Mais plus tard ils sentiront mieux
Ce qu'ils peuvent à peine y discerner encore,
    Le timbre au charme impérieux ;

Ils touchent, sans jamais en sentir de brûlure,
     Tes boucles pleines de rayons,
Dont l'or fait ressembler ta fauve chevelure
     A celle des petits lions.

Ils ne devinent pas, aux jeux où tu te mêles,
     Qu'en leur jetant au cou tes bras,
Rieuse, indifférente, et douce, tu décèles
     Tout le mal que tu leur feras.

Tu t'exerces déjà, quand tu crois que tu joues
     En leur abandonnant ton front;
Tes lèvres ont déjà, plus faites que tes joues,
     La grâce dont ils souffriront.

L'AMOUR MATERNEL

A MAURICE CHÉVRIER

Fait d'héroïsme et de clémence,
Présent toujours au moindre appel,
Qui de nous peut dire où commence,
Où finit l'amour maternel!

Il n'attend pas qu'on le mérite,
Il plane en deuil sur les ingrats;
Lorsque le père déshérite
La mère laisse ouverts ses bras;

*

Son crédule dévoûment reste
Quand les plus vrais nous ont menti,
Si téméraire et si modeste
Qu'il s'ignore et n'est pas senti.

Pour nous suivre il monte ou s'abîme,
A nos revers toujours égal,
Ou si profond ou si sublime
Que sans maître il est sans rival :

Est-il de retraite plus douce
Qu'un sein de mère, et quel abri
Recueille avec moins de secousse
Un cœur fragile endolori ?

Quel est l'ami qui sans colère
Se voit pour d'autres négligé?
Qu'on méconnaît sans lui déplaire,
Si bon qu'il n'en soit qu'affligé?

Quel ami dans un précipice
Nous joint sans espoir de retour,
Et ne sent quelque sacrifice
Où la mère ne sent qu'amour?

Lequel n'espère un avantage
Des échanges de l'amitié?
Que de fois la mère partage,
Et ne garde pas sa moitié!

O mère, unique Danaïde
Dont le zèle soit sans déclin,
Et qui, sans maudire le vide,
Y penche un grand cœur toujours plein!

L'EPOUSEE

Elle est fragile à caresser,
L'Épousée au front diaphane,
Lis pur qu'un rien ternit et fane,
Lis tendre qu'un rien peut froisser,
Que nul homme ne peut presser,
Sans remords, sur son cœur profane.

La main digne de l'approcher
N'est pas la main rude qui brise
L'innocence qu'elle a surprise
Et se fait jeu d'effaroucher,
Mais la main qui semble toucher
Au blanc voile comme une brise ;

La lèvre qui la doit baiser
N'est pas la lèvre véhémente,
Effroi d'une novice amante
Qui veut le respect pour oser,
Mais celle qui se vient poser
Comme une ombre d'abeille errante.

Et les bras faits pour l'embrasser,
Ne sont pas les bras dont l'étreinte
Laisse une impérieuse empreinte
Au corps qu'ils aiment à lasser,
Mais ceux qui savent l'enlacer
Comme une onde où l'on dort sans crainte.

L'hymen doit la discipliner

Sans lire sur son front un blâme,

Et les prémices qu'il réclame

Les faire à son cœur deviner :

Elle est fleur, il doit l'incliner,

La chérir sans lui troubler l'âme.

DISTRACTION

A mon insu j'ai dit : « ma chère »
Pour « madame », et, parti du cœur,
Ce nom m'a fait d'une étrangère
      Une sœur.

Quand la femme est tendre, pour elle
Le seul vrai gage de l'amour,
C'est la constance naturelle,
      Non la cour ;

Ce n'est pas le mot qu'on hasarde,
Et qu'on sauve s'il s'est trompé,
C'est le mot simple, par mégarde
Échappé...

Ce n'est pas le mot qui soupire,
Mendiant drapé d'un linceul,
C'est ce qu'on dit comme on respire,
Pour soi seul.

Ce n'est pas non plus de se taire,
Taire est encor mentir un peu ;
C'est la parole involontaire.
Non l'aveu.

A mon insu j'ai dit : « ma chère »
Pour « madame », et, parti du cœur,
Ce nom m'a fait d'une étrangère
Une sœur.

INVITATION A LA VALSE

SONNET

C'ÉTAIT une amitié simple et pourtant secrète :
J'avais sur sa parure un fraternel pouvoir,
Et quand au seuil d'un bal nous nous trouvions le soir,
J'aimais à l'arrêter devant moi toute prête.

Elle abattait sa jupe en renversant la tête,
Et consultait mes yeux comme un dernier miroir,
Puis elle me glissait un furtif : « Au revoir ! »
Et belle, en souveraine, elle entrait dans la fête.

Je l'y suivais bientôt. Sur un signe connu,
Parmi les mendiants que sa malice affame,
Je m'avançais vers elle, et modeste, ingénu :

« Vous m'avez accordé cette valse, madame ? »
J'avais l'air de prier n'importe quelle femme,
Elle me disait : « Oui » comme au premier venu.

CE QUI DURE

LE présent se fait vide et triste,
O mon amie, autour de nous;
Combien peu du passé subsiste!
Et ceux qui restent changent tous :

Nous ne voyons plus sans envie
Les yeux de vingt ans resplendir,
Et combien sont déjà sans vie
Des yeux qui nous ont vus grandir !

Que de jeunesse emporte l'heure,
Qui n'en rapporte jamais rien !
Pourtant quelque chose demeure :
Je t'aime avec mon cœur ancien,

Mon vrai cœur, celui qui s'attache
Et souffre depuis qu'il est né,
Mon cœur d'enfant, le cœur sans tache
Que ma mère m'avait donné ;

Ce cœur où plus rien ne pénètre,
D'où plus rien désormais ne sort ;
Je t'aime avec ce que mon être
A de plus fort contre la mort ;

Et, s'il peut braver la mort même,
Si le meilleur de l'homme est tel
Que rien n'en périsse, je t'aime
Avec ce que j'ai d'immortel.

UN RENDEZ-VOUS

Dᴀɴs ce nid furtif où nous sommes,
O ma chère âme, seuls tous deux,
Qu'il est bon d'oublier les hommes,
    Si près d'eux.

Pour ralentir l'heure fuyante,
Pour la goûter, il ne faut pas
Une félicité bruyante,
    Parlons bas ;

Craignons de la hâter d'un geste,

D'un mot, d'un souffle seulement,

D'en perdre, tant elle est céleste,

    Un moment.

Afin de la sentir bien nôtre,

Afin de la bien ménager,

Serrons-nous tout près l'un de l'autre

    Sans bouger;

Sans même lever la paupière :

Imitons le chaste repos

De ces vieux châtelains de pierre

    Aux yeux clos,

Dont les corps sur les mausolées,

Immobiles et tout vêtus,

Loin de leurs âmes envolées

    Se sont tus;

Dans une alliance plus haute
Que les terrestres unions,
Gravement comme eux, côte à côte,
        Sommeillons.

Car nous n'en sommes plus aux fièvres
D'un jeune amour qui peut finir ;
Nos cœurs n'ont plus besoin des lèvres
        Pour s'unir,

Ni des paroles solennelles
Pour changer leur culte en devoir,
Ni du mirage des prunelles
        Pour se voir.

Ne me fais plus jurer que j'aime,
Ne me fais plus dire comment ;
Goûtons la félicité même
        Sans serment.

Savourons, dans ce que nous disent
Silencieusement nos pleurs,
Les tendresses qui divinisent
          Les douleurs !

Chère, en cette ineffable trêve
Le désir enchanté s'endort ;
On rêve à l'amour comme on rêve
          A la mort.

On croit sentir la fin du monde ;
L'univers semble chavirer
D'une chute douce et profonde,
          Et sombrer...

L'âme de ses fardeaux s'allége
Par la fuite immense de tout ;
La mémoire comme une neige
          Se dissout.

Toute la vie ardente et triste,
Semble anéantie alentour,
Plus rien pour nous, plus rien n'existe
Que l'amour.

Aimons en paix : il fait nuit noire,
La lueur blême du flambeau
Expire... Nous pouvons nous croire
Au tombeau.

Laissons-nous dans les mers funèbres,
Comme après le dernier soupir,
Abîmer, et par leurs ténèbres
Assoupir...

Nous sommes sous la terre ensemble
Depuis très-longtemps, n'est-ce pas ?
Écoute en haut le sol qui tremble
Sous les pas.

Regarde au loin comme un vol sombre
De corbeaux, vers le nord chassé,
Disparaître les nuits sans nombre
        Du passé,

Et comme une immense nuée
De cigognes (mais sans retour!)
Fuir la blancheur diminuée
        Des vieux jours...

Hors de la sphère ensoleillée
Dont nous subîmes les rigueurs,
Quelle étrange et douce veillée
        Font nos cœurs?

Je ne sais plus quelle aventure
Nous a jadis éteint les yeux,
Depuis quand notre extase dure,
        En quels cieux.

Les choses de la vie ancienne
Ont fui ma mémoire à jamais,
Mais du plus loin qu'il me souvienne
    Je t'aimais...

Par quel bienfaiteur fut dressée
Cette couche? et par quel hymen
Fut pour toujours ta main laissée
    Dans ma main?

Mais qu'importe! O mon amoureuse,
Dormons dans nos légers linceuls,
Pour l'éternité bienheureuse
    Enfin seuls!

L'OBSTACLE

Les lèvres qui veulent s'unir,
A force d'art et de constance,
Malgré le temps et la distance,
Y peuvent toujours parvenir.

On se fraye toujours des routes ;
Flots, monts, déserts n'arrêtent point,
De proche en proche on se rejoint,
Et les heures arrivent toutes.

Mais ce qui fait durer l'exil
Mieux que l'eau, le roc ou le sable,
C'est un obstacle infranchissable
Qui n'a pas l'épaisseur d'un fil.

C'est l'honneur ; aucun stratagème,
Nul âpre effort n'en est vainqueur,
Car tout ce qu'il oppose au cœur
Il le puise dans le cœur même.

Vous savez s'il est rigoureux,
Pauvres couples à l'âme haute
Qu'une noble horreur de la faute
Empêche seule d'être heureux.

Penchés sur le bord de l'abîme,
Vous respectez au fond de vous,
Comme de cruels garde-fous
Les arrêts de ce juge intime ;

Purs amants sur terre égarés,

Quel martyre étrange est le vôtre !

Plus vos cœurs sont près l'un de l'autre,

Plus ils se sentent séparés.

Oh ! que de fois fermente et gronde

Sous un air de froid nonchaloir

Votre souriant désespoir

Dans la mascarade du monde !

Que de cris toujours contenus !

Que de sanglots sans délivrance !

Sous l'apparente indifférence

Que d'héroïsmes méconnus !

Aux ivresses, même impunies,

Vous préférez un deuil plus beau,

Et vos lèvres, même au tombeau,

Attendent le droit d'être unies.

LA COUPE

Dᴀɴs les verres épais du cabaret brutal,
Le vin bleu coule à flots et sans trève à la ronde ;
Dans les calices fins plus rarement abonde
Un vin dont la clarté soit digne du cristal.

Enfin la coupe d'or du haut d'un piédestal
Attend, vide toujours, bien que large et profonde,
Un cru dont la noblesse à la sienne réponde :
On tremble d'en souiller l'ouvrage et le métal.

Plus le vase est grossier de forme et de matière,
Mieux il trouve à combler sa contenance entière,
Aux plus beaux seulement il n'est point de liqueur.

C'est ainsi : plus on vaut, plus fièrement on aime,
Et qui rêve pour soi la pureté suprême
D'aucun terrestre amour ne daigne emplir son cœur.

PARFUMS ANCIENS

A FRANÇOIS COPPÉE

*

O senteur suave et modeste
Qu'épanchait le front maternel,
Et dont le souvenir nous reste
Comme un lointain parfum d'autel,

Pure émanation divine

Qui mêlais en moi ta douceur

A la petite senteur fine

Des longues tresses d'une sœur,

Chère odeur, tu t'en es allée

Où sont les parfums de jadis,

Où remonte l'âme exhalée

Des violettes et des lis.

* *

O fraîche senteur de la vie

Qu'au temps des premières amours

Un baiser candide a ravie

Au plus délicat des velours,

Loin des lèvres décolorées

Tu t'es enfuie aussi là-bas,

Jusqu'où planent, évaporées,

Les jeunesses des vieux lilas,

Et le cœur, cloué dans l'abîme,

Ne peut suivre, à ta trace uni,

Le voyage épars et sublime

Que tu poursuis dans l'infini.

* * *

Mais ô toi, l'homicide arome

Dont en pleurant nous nous grisons,

Où notre cœur cherchait un baume

Et n'aspira que des poisons,

Ah ! toi seule, odeur trop aimée
Des cheveux trop noirs et trop lourds,
Tu nous laisses, courte fumée,
Des vestiges brûlant toujours.

Dans les replis où tu te glisses
Tu déposes un marc fatal,
Comme l'âcre odeur des épices
S'incruste aux coins d'un vieux cristal.

* * * *

Et tel, dans une eau fraîche et claire,
Le flacon, vainement plongé,
Garde l'âcreté séculaire
De l'essence qui l'a rongé,

Tel, dans la tendresse embaumante
Que verse au cœur, pour l'assainir,
Une fidèle et chaste amante,
Sévit encor ton souvenir.

O parfum modeste et suave,
Epanché du front maternel,
Qui laves ce que rien ne lave,
Où donc es-tu, parfum d'autel !

L'ÉTOILE AU CŒUR

Par les nuits sublimes d'été,
Sous leur dôme d'or et d'opale,
Je demande à l'immensité
Où sourit la forme idéale.

Plein d'une angoisse de banni,
A travers la flore innombrable
Des campagnes de l'Infini,
Je poursuis ce lis adorable...

S'il brille au firmament profond,
Ce n'est pas pour moi qu'il y brille :
J'ai beau chercher, tout se confond
Dans l'océan clair qui fourmille.

Ma vue implore de trop bas
Sa splendeur en chemin perdue,
Et j'abaisse enfin mes yeux las,
Découragés par l'étendue.

Appauvri de l'espoir ôté,
Je m'en reviens plus solitaire,
Et cependant cette beauté,
Que je crois si loin de la terre,

Un laboureur insoucieux,
Chaque soir à son foyer même,
Pour l'admirer, l'a sous les yeux
Dans la paysanne qu'il aime.

Heureux qui, sans vaine langueur

Voyant les étoiles renaître,

Ferme sur elles sa fenêtre :

La plus belle luit dans son cœur.

DOUCEUR D'AVRIL

A ALBERT MÉRAT

J'ai peur d'Avril, peur de l'émoi
Qu'éveille sa douceur touchante ;
Vous qu'elle a troublés comme moi,
C'est pour vous seuls que je la chante.

En décembre, quand l'air est froid,
Le temps brumeux, le jour livide,
Le cœur, moins tendre et plus étroit,
Semble mieux supporter son vide.

Rien de joyeux dans la saison
Ne lui fait sentir qu'il est triste;
Rien en haut, rien à l'horizon
Ne révèle qu'un ciel existe.

Mais, dès que l'azur se fait voir,
Le cœur s'élargit et se creuse,
Et s'ouvre pour le recevoir
Dans sa profondeur douloureuse,

Et ce bleu qui lui rit de loin,
L'attirant sans jamais descendre,
Lui donne l'infini besoin
D'un essor impossible à prendre.

Le bonheur candide et serein,
Qui s'exhale de toutes choses,
L'oppresse, et son premier chagrin
Rajeunit à l'odeur des roses.

Il sent, dans un réveil confus,
Les anciennes ardeurs revivre,
Et les mêmes anciens refus
Le repousser dès qu'il s'y livre.

J'ai peur d'Avril, peur de l'émoi
Qu'éveille sa douceur touchante;
Vous qu'elle a troublés comme moi,
C'est pour vous seuls que je la chante.

PÈLERINAGES

En souvenir je m'aventure
Vers les jours passés où j'aimais,
Pour visiter la sépulture
Des rêves que mon cœur a faits.

Cependant qu'on vieillit sans cesse,
Les amours ont toujours vingt ans,
Jeunes de la fixe jeunesse
Des enfants qu'on pleure longtemps.

Je soulève un peu les paupières
De ces chers et douloureux morts ;
Leurs yeux sont froids comme des pierres
Avec des regards toujours forts.

Leur grâce m'attire et m'oppresse,
En dépit des ans révolus
Je leur ai gardé ma tendresse ;
Ils ne me reconnaîtraient plus :

J'ai changé d'âme et de visage ;
Ils redoutent l'adieu moqueur
Que font les hommes de mon âge
Aux premiers rêves de leur cœur ;

Et moi, plein de pitié, j'hésite,
J'ai peur qu'en se posant sur eux
Mon baiser ne les ressuscite :
Ils ont été trop malheureux.

JUIN

SONNET

Pᴇɴᴅᴀɴᴛ avril et mai, qui sont les plus doux mois,
Les couples, enchantés par l'éther frais et rose,
Ont ressenti l'amour comme une apothéose ;
Ils cherchent maintenant l'ombre et la paix des bois.

Ils rêvent, étendus sans mouvement, sans voix ;
Les cœurs désaltérés font ensemble une pause,
Se rappelant l'aveu dont un lilas fut cause
Et le bonheur tremblant qu'on ne sent pas deux fois.

Lors le soleil riait sous une fine écharpe,

Et, comme un papillon dans les fils d'une harpe,

Dans ses rayons encore un peu de neige errait.

Mais aujourd'hui ses feux tombent déjà torrides,

Un orageux silence emplit le ciel sans rides,

Et l'amour exaucé couve un premier regret.

LA BEAUTÉ

SPLENDEUR excessive, implacable,
O Beauté, que tu me fais mal!
Ton essence incommunicable ,
Au lieu de m'assouvir, m'accable :
On n'absorbe pas l'idéal.

L'Éternel féminin m'attire,
Mais je ne sais comment l'aimer.
Beauté, te voir n'est qu'un martyre,
Te désirer n'est qu'un délire,
Tu n'offres que pour affamer !

Je porte envie au statuaire
Qui t'admire sans âcre amour,
Comme sur le lit mortuaire
Un corps de vierge, où le suaire
Sanctifie un parfait contour.

Il voit, comme de blanches ailes
S'abattant sur un colombier,
Les formes des vivants modèles,
A l'appel du ciseau fidèles,
Couvrir le marbre familier;

Il les choisit, il les assemble,
Tel qu'un lutteur, toujours debout,
Et quand l'ébauche te ressemble,
D'aucun désir sa main ne tremble,
Car il est ton prêtre avant tout.

Calme, la prunelle épurée
Au soleil austère de l'art,
Dans la pierre transfigurée
Il juge l'œuvre et sa durée,
D'un incorruptible regard;

Mais, quand malgré soi l'on regarde
Une femme en ce spectre blanc,
A lui parler l'on se hasarde,
Et bientôt, sans y prendre garde,
Dans la pierre on coule du sang!

On appuie, en rêve, sur elle
Les lèvres pour les apaiser,
Mais, amante surnaturelle,
Tu dédaignes cet amant frêle,
Tu ne lui rends pas son baiser.

Et vainement, pour fuir ta face,
On veut faire en ses yeux la nuit :
Les yeux t'aiment et, quoi qu'on fasse,
Nulle obscurité n'en efface
L'éblouissement qui les suit.

En vain le cœur frustré s'attache
A des visages plus cléments :
Comme une lumineuse tache,
Ta vive image les lui cache,
Dressée entre les deux amants.

Tu règnes sur qui t'a comprise,
Seule et hors de comparaison ;
Pour l'âme de ton joug éprise
Tout autre amour n'est que méprise
Qui dégénère en trahison.

Celles qu'on aime, on les désole,
Car, mentant même à leurs genoux,
Sans le vouloir on les immole
A toi, la souveraine idole
Invisible à leurs yeux jaloux.

Seul il sent, l'homme qui te crée,
Tes maléfices s'amortir;
Sa compagne au foyer t'agrée
Comme une étrangère sacrée
Qui ne l'en fera point sortir;

L'artiste impose pour hôtesse,
Dans son cœur comme dans ses yeux,
L'humble mortelle à la déesse,
Vouant à l'une sa tendresse,
A l'autre un culte glorieux!

Jamais ton éclat ne l'embrase :

T'enveloppant, pour te saisir,

D'une rigide et froide gaze,

Il n'a de l'amour que l'extase,

Amoureux sauvé du désir !

LA VOLUPTÉ

SONNET.

DEUX êtres asservis par le désir vainqueur,
Le sont jusqu'à la mort, la Volupté les lie.
Parfois, lasse un moment, la geôlière s'oublie,
Et leur chaîne les serre avec moins de rigueur.

Aussitôt, se dressant tout chargés de langueur,
Ces pâles malheureux sentent leur infamie ;
Chacun secoue alors cette chaîne ennemie,
Pour la briser lui-même ou s'arracher le cœur.

Ils vont rompre l'acier du nœud qui les torture,

Mais Elle, au bruit d'anneaux qu'éveille la rupture,

Entr'ouvre ses longs yeux où nage un deuil puissant,

Elle a fait de ses bras leur tombe ardente et molle :

En silence attiré, le couple y redescend,

Et l'éphémère essaim des repentirs s'envole...

LES DEUX CHUTES

SONNET.

D'un seul mot, pénétrant comme un acier pointu,

Vous nous exaspérez pour nous dompter d'un signe,

Sachant que notre cœur s'emporte et se résigne,

Rebelle subjugué sitôt qu'il a battu.

Triomphez pleinement, ô femmes sans vertu,

De notre souple hommage à votre empire indigne !

Quand vous nous faites choir hors de la droite ligne,

Tombés autant que vous, nous avons plus perdu :

5.

Que dans vos corps divins le remords veille ou dorme,
Il laisse intacte en vous la gloire de la forme,
Car, fût-elle sans âme, Aphrodite a son prix!

Vos yeux, beaux sans l'honneur, peuvent régner encore,
Mais le regard d'un homme, au souffle du mépris,
Perd toute la fierté qui l'arme et le décore.

L'INDIFFÉRENTE

SONNET.

Que n'ai-je à te soumettre ou bien à t'obéir?
Je te vouerais ma force ou te la ferais craindre;
Esclave ou maître, au moins je te pourrais contraindre
A me sentir ta chose ou bien à me haïr.

J'aurais un jour connu l'insolite plaisir
D'allumer dans ton cœur des soifs, ou d'en éteindre,
De t'être nécessaire ou terrible, et d'atteindre,
Bon gré, mal gré, ce cœur jusque-là sans désir.

Esclave ou maître, au moins j'entrerais dans ta vie;
Par mes soins captivée, à mon joug asservie,
Tu ne pourrais me fuir ni me laisser partir;

Mais je meurs sous tes yeux, loin de ton être intime,
Sans même oser crier, car ce droit du martyr,
Ta douceur impeccable en frustre ta victime.

L'ART TRAHI

Fors l'amour, tout dans l'art semble à la femme vain :
Le génie auprès d'elle est toujours solitaire.
Orphée allait chantant, suivi d'une panthère,
Dont il croyait leurrer l'inexorable faim ;

Mais, dès que son pied nu rencontrait en chemin
Quelque épine de rose et rougissait la terre,
La bête, se ruant d'un bond involontaire,
Oublieuse des sons, lampait le sang humain.

Crains la docilité félonne d'une amante,
Poëte : elle est moins souple à la lyre charmante
Qu'avide, par instinct, de voir le cœur saigner.

Pendant que ta douleur plane et vibre en mesure,
Elle épie à tes pieds les pleurs de ta blessure,
Plaisir plus vif encor que de la dédaigner.

SOUHAIT

Par moments je souhaite une esclave au beau corps,
Sans ouïe et sans voix, pour toute bien-aimée.
A son oreille close, aux rougeurs de camée,
Le feu de mon soupir dirait seul mes transports,

Et sa bouche, semblable aux coupes dont les bords
Distillent en silence une ivresse enflammée,
M'offrirait son ardeur sans me l'avoir nommée :
Nous nous embrasserions, muets comme deux morts.

Du moins pourrais-je, exempt d'amères découvertes,

Goûter dans la splendeur de ces charmes inertes

L'idéal, sans qu'un mot l'eût jamais démenti;

Lire, au contour sacré d'une lèvre pareille,

Le verbe de Dieu seul, et, baisant cette oreille,

A Dieu seul confier ce que j'aurais senti.

TROP TARD

Nature, accomplis-tu tes œuvres au hasard,
Sans raisonnable loi, ni prévoyant génie?
Ou bien m'as-tu donné par cruelle ironie
Des lèvres et des mains, l'ouïe et le regard?

Il est tant de saveurs dont je n'ai point ma part,
Tant de fruits à cueillir que le sort me dénie !
Il voyage vers moi tant de flots d'harmonie,
Tant de rayons, qui tous m'arriveront trop tard !

Et si je meurs sans voir mon idole inconnue,

Si sa lointaine voix ne m'est point parvenue,

A quoi m'auront servi mon oreille et mes yeux?

A quoi m'aura servi ma main hors de la sienne ?

Mes lèvres et mon cœur, sans qu'elle m'appartienne ?

Pourquoi vivre à demi quand le néant vaut mieux?

LES AMOURS TERRESTRES

Nos yeux se sont croisés et nous nous sommes plu.
Née au siècle où je vis et passant où je passe,
Dans le double infini du temps et de l'espace
Tu ne me cherchais point, tu ne m'as point élu;

Moi, pour te joindre ici le jour qu'il a fallu,
Dans le monde éternel je n'avais point ta trace,
J'ignorais ta naissance et le lieu de ta race :
Le sort a donc tout fait, nous n'avons rien voulu.

Les terrestres amours ne sont qu'une aventure :
Ton époux à venir et ma femme future
Soupirent vainement, et nous pleurons loin d'eux;

C'est lui que tu pressens en moi, qui lui ressemble,
Ce qui m'attire en toi, c'est elle, et tous les deux
Nous croyons nous aimer en les cherchant ensemble.

L'ETRANGER

SONNET.

Je me dis bien souvent : De quelle race es-tu?

Ton cœur ne trouve rien qui l'enchaîne ou ravisse,

Ta pensée et tes sens, rien qui les assouvisse :

Il semble qu'un bonheur infini te soit dû.

Pourtant, quel paradis as-tu jamais perdu?

A quelle auguste cause as-tu rendu service?

Pour ne voir ici-bas que laideur et que vice,

Quelle est la beauté propre et la propre vertu?

A mes vagues regrets d'un ciel que j'imagine,
A mes dégoûts divins, il faut une origine :
Vainement je la cherche en mon cœur de limon,

Et, moi-même étonné des douleurs que j'exprime,
J'écoute en moi pleurer un étranger sublime
Qui m'a toujours caché sa patrie et son nom.

LA VERTU

J'HONORE en secret la duègne
Que raillent tant de gens d'esprit,
La Vertu; j'y crois, et dédaigne
De sourire quand on en rit.

Ah ! souvent l'homme qui se moque
Est celui que point l'aiguillon,
Et tout bas l'incrédule invoque
L'objet de sa dérision.

Je suis trop fier pour me contraindre
A la grimace des railleurs,
Et pas assez heureux pour plaindre
Ceux qui rêvent d'être meilleurs.

Je sens que toujours m'importune
Une loi que rien n'ébranla ;
Le monde (car il en faut une)
Parodie en vain celle-là ;

Qu'il observe la règle inscrite
Dans les mœurs ou les parchemins,
Je hais sa rapine hypocrite,
Comme celle des grands chemins,

Je hais son droit, aveugle aux larmes,
Son honneur, qui lave un affront
En mesurant bien les deux armes,
Non les deux bras qui les tiendront,

Sa politesse meurtrière
Qui vous trahit en vous servant,
Et, pour vous frapper par derrière,
Vous invite à passer devant.

Qu'un plaisant nargue la morale,
Qu'un fourbe la plie à son vœu,
Qu'un géomètre la ravale
A n'être que prudence au jeu,

Qu'un dogme leurre à sa manière
L'égoïsme du genre humain,
Ajournant à l'heure dernière
L'avide embrassement du gain,

Qu'un cynisme, agréable au crime,
Devant le muet Infini,
Voue au néant ceux qu'on opprime,
Avec l'oppresseur impuni!

6

Toujours en nous parle sans phrase
Un devin du juste et du beau,
C'est le cœur, et dès qu'il s'embrase
Il devient de foyer flambeau :

Il n'est plus alors de problème,
D'arguments subtils à trouver,
On palpe avec la torche même
Ce que les mots n'ont pu prouver.

Quand un homme insulte une femme,
Quand un père bat ses enfants,
La raison neutre assiste au drame
Mais le cœur crie au bras : défends!

Aux lueurs du cerveau s'ajoute
L'éclair jailli du sein : l'amour!
Devant qui s'efface le doute
Comme un rôdeur louche au grand jour :

Alors la loi, la loi sans table,
Conforme à nos réelles fins,
S'impose égale et charitable,
On forme des souhaits divins :

On voudrait être un Marc-Aurèle,
Accomplir le bien pour le bien,
Pratiquer la Vertu pour elle,
Sans jamais lui demander rien,

Hors la seule paix qui demeure
Et dont l'avénement soit sûr,
L'apothéose intérieure
Dont la conscience est l'azur !

Mais pourquoi, saluant ta tâche,
Inerte amant de la vertu,
O lâche, lâche, triple lâche,
Ce que tu veux, ne le fais-tu ?

LE TEMPS PERDU

SONNET.

Si peu d'œuvres pour tant de fatigue et d'ennui !
De stériles soucis notre journée est pleine :
Leur meute sans pitié nous chasse à perdre haleine,
Nous pousse, nous dévore, et l'heure utile a fui...

« Demain ! j'irai demain voir ce pauvre chez lui,
« Demain je reprendrai ce livre ouvert à peine,
« Demain, je te dirai, mon âme, où je te mène,
« Demain je serai juste et fort... Pas aujoùrd'hui. »

6.

Aujourd'hui, que de soins, de pas et de visites !
Oh ! l'implacable essaim des devoirs parasites
Qui pullulent autour de nos tasses de thé !

Ainsi chôment le cœur, la pensée et le livre,
Et pendant qu'on se tue à différer de vivre,
Le vrai devoir dans l'ombre attend la volonté.

LES FILS

SONNET.

To1 que tes grands aïeux, du fond de leur sommeil,
Accablent sous le poids d'une illustre mémoire,
Tu n'auras pas senti ton nom dans la nuit noire
Éclore, et comme une aube y faire un point vermeil !

Je te plains, car peut-être à tes aïeux pareil,
Tu les vaux, mais le monde ébloui n'y peut croire :
Ton mérite rayonne indistinct dans leur gloire,
Satellite abîmé dans l'éclat d'un soleil.

Ah! l'enfant dont la souche est dans l'ombre perdue,

Peut du moins arracher au séculaire oubli

Le nom qu'il y ramasse encore enseveli ;

Dans la durée immense et l'immense étendue

Son étoile, qui perce où d'autres ont pâli,

Peut luire par soi-même et n'est point confondue !

LE CONSCRIT.

A la barrière de l'Étoile,
Un saltimbanque malfaisant
Dressait, dans sa baraque en toile,
Un chien de six mois fort plaisant.

Ce caniche, qui faisait rire
Le public au seuil rassemblé,
Était en conscrit de l'Empire
Misérablement affublé.

Coiffé d'un bonnet de police,
Il restait là, fusil au flanc,
Debout, les jambes au supplice
Dans un piteux pantalon blanc ;

Le dos sous sa guenille bleue,
Il tentait un regard vainqueur,
Mais l'anxiété de sa queue
Trahissait l'état de son cœur.

Quand las de sa fausse posture
Le pauvre petit chien savant
Retombait, selon la nature,
Sur ses deux pattes de devant,

Il recevait une âpre insulte
Avec un lâche coup de fouet,
Mais, digne sous son poil inculte,
Sans crier il se secouait ;

Tandis qu'il étreignait son arme
Sous les horions sans broncher,
S'il se sentait poindre une larme,
Il s'efforçait de la lécher.

Ce qu'on trouvait surtout risible,
Et ce que j'admirais beaucoup,
C'est qu'il avait l'air plus sensible
Au reproche qu'au mauvais coup.

Son maître, pour sa part de lucre,
Lui posait sur le bout du nez
De vacillants morceaux de sucre,
Plus souvent promis que donnés.

Touché de voir dans ce novice
Tant de vrai zèle à si bas prix,
Quand à la fin de son service
Il rompit les rangs, je le pris.

Or, comme je tenais la bête
Par les oreilles, des deux mains,
L'élevant à hauteur de tête
Pour lire en ses yeux presque humains,

L'expression m'en parut double,
J'y sentais deux soucis jumeaux,
Comme dans l'histrion que trouble
L'obsession de ses vrais maux.

Un génie excédant sa taille
Me semblait étouffer en lui,
Et du vieil habit de bataille
Forcer le dérisoire étui.

Et j'eus l'illusion fantasque
Que par les yeux de ce roquet
Comme à travers les trous d'un masque,
Un regard d'homme m'invoquait...

Cet étrange regard fut cause,
J'en fais aux esprits forts l'aveu,
Qu'ami de la métempsycose
En ce moment j'y crus un peu.

Mais bientôt, raillant le prodige :
« Ce bonnet, ce frac suranné,
Serait-ce, pauvre chien, lui dis-je,
Une géhenne de damné? »

Lors j'ouïs une voix pareille
A quelque soupir m'effleurant,
Qui semblait me dire à l'oreille :
« Oui, plains-moi, j'étais conquérant. »

ABDICATION

Je voudrais être, sur la terre,
L'unique héritier des grands rois
Dont la force et l'éclat font taire
Tous les revendiqueurs des droits,

De ces rois d'Asie et d'Afrique,
Monarques des derniers pays
Où les maîtres sont, sans réplique,
Sans réserve, encore obéis.

Je verrais, à mon tour idole,

Les trois quarts du monde vivant

Se prosterner sous ma parole

Comme un champ de blés sous le vent.

Les tributs des races voisines

Feraient affluer par milliers

Les venaisons dans mes cuisines,

Les vins rares dans mes celliers,

Des chevaux plein mes écuries,

Des meutes traînant leurs valets,

Des marbres, des tapisseries,

Des vases d'or, plein mes palais!

Sous mes mains j'aurais des captives

Belles de pleurs, et sous mes pieds

Les têtes fières ou craintives

De leurs pères humiliés.

Je posséderais sans conquête
Mon vaste empire, et sans rival!
Dans la sécurité complète
D'un pouvoir salué légal.

Alors, alors, ô joie intense!
Convoquant mon peuple et ma cour,
Devant la servile assistance
Moi-même, en plein règne, au grand jour,

Avec un cynisme suprême,
Je briserais sur mon genou
Le sceptre avec le diadème,
Comme un enfant casse un joujou;

De mes épaules accablées
Arrachant le royal manteau,
Aux multitudes assemblées
Je jetterais l'affreux fardeau;

Pour les déshérités prodigue
Je laisserais tous mes trésors,
Comme un torrent qui rompt sa digue,
Se précipiter au dehors ;

Cessant d'appuyer ma sandale
Sur la nuque des prisonniers,
Je rendrais la terre natale
Aux plus fameux comme aux derniers ;

J'abandonnerais à mes troupes
Tout l'or glorieux des rançons ;
Puis je laisserais dans mes coupes
Boire mes propres échansons ;

Sur mes parcs, mes greniers, mes caves,
Par-dessus fossé, grille et mur,
Je lâcherais tous mes esclaves
Comme des ramiers dans l'azur !

Tout mon harem, filles et veuves,
S'en retournerait au foyer,
Pour enfanter des races neuves
Que nul tyran ne pût broyer,

Qui ne fussent plus la curée
D'un vainqueur, suppôt de la mort,
Mais serves d'une loi jurée
Dans un libre et paisible accord,

Fondant la cité juste et bonne
Où chaque homme en levant la main
Sent qu'il atteste en sa personne
La dignité du genre humain!

Et moi qui fuis même la gêne
Des pactes librement conclus,
Moi qui ne suis roseau ni chêne,
Ni souple, ni viril non plus,

Je m'en irais finir ma vie
Au milieu des mers, sous l'azur,
Dans une île, une île assoupie
Dont le sol serait vierge et sûr,

Ile qui n'aurait pas encore
Senti l'ancre des noirs vaisseaux,
Dont n'approcheraient que l'aurore,
Le nuage et le pli des eaux.

Dans cette oasis embaumée,
Loin des froides lois en vigueur,
Viens, dirais-je à la bien-aimée,
Appuyer ton cœur sur mon cœur ;

Des lianes feront guirlandes
Entre les palmiers sur nos fronts,
Et tu verras des fleurs si grandes
Qu'ensemble nous y dormirons.

LE RIRE.

Les bêtes, qui n'ont point de sublimes soucis,
Marchent, dès leur naissance, en fronçant les sourcils,
Et ce rigide pli, jusqu'à la dernière heure,
Signe mystérieux de sagesse, y demeure :
Les énormes lions qui rôdent à grands pas,
Libres et tout-puissants, ne se dérident pas;

7.

Les aigles, fils de l'air et de l'azur sont graves ;

Et les hommes, qui vont saignant de mille entraves,

Enchaînés au plaisir, enchaînés au devoir,

Sous la loi de chercher et ne jamais savoir,

De ne rien posséder sans acheter et vendre,

De ne pouvoir se fuir ni ne pouvoir s'entendre,

D'appréhender la mort et de gratter leur champ,

Les hommes ont un rire imbécile et méchant !

Certes le rire est beau comme la joie est belle,

Quand il est innocent et radieux comme elle !

Vous, les petits enfants, pleins de naïf désir,

Qui des mains écartez vos langes pour saisir

Les brillantes couleurs, ces mensonges des choses,

Vous pouvez, au-devant des drapeaux et des roses,

Vous pour qui tout cela n'est que du rouge encor,

Pousser vos rires frais qui font un bruit d'essor !

Vous, pouviez rire aussi, même en un siècle pire,

Vous, nos rudes aïeux qui ne saviez pas lire,

Et ne pouviez connaître, au bout de l'univers,

Tous les forfaits commis et tous les maux soufferts;

Quand avait fui la peste avec les hommes d'armes,

C'était pour vous la fin de l'horreur et des larmes,

Et peut-être, oublieux de ces fléaux lointains,

Vous aviez des soirs gais et d'allègres matins.

Mais nous, du monde entier la plainte nous harcèle :

Nous souffrons chaque jour la peine universelle,

Car sur toute la terre un messager subtil

Relie à tous les maux tous les cœurs par un fil :

Ah! l'oubli maintenant ne nous est plus possible !

Se peut-on faire une âme à ce point insensible

D'apprendre, sans frémir, de partout à la fois,

Tous les coups du malheur et tous les viols des lois :

Les maîtres plus hardis, les âmes plus serviles,

L'atrocité sans nom des tourmentes civiles,

Et les pactes sans foi, la guerre, les blessés

Râlant cette nuit même au revers des fossés,

L'honneur, le droit trahis par la volonté molle,

Et Christ, épouvanté des fruits de sa parole,

Un diadème en tête et le glaive à la main,

Ne sachant plus s'il sauve ou perd le genre humain!

N'est-ce pas merveilleux qu'on puisse rire encore!

Mais nous sommes ainsi; tel un vase sonore

Au moindre choc du doigt se réveille et frémit,

Tandis qu'il tremble à peine et vaguement gémit

Du tonnerre éloigné qui roule dans la nue,

Telle, au moindre soupir dont l'oreille est émue

Nous sentons la pitié dans nos cœurs tressaillir,

Et pour les cris lointains lâchement défaillir;

Trop pauvres pour donner des pleurs à tous les hommes,

Nous ne plaignons que ceux qui souffrent où nous sommes.

Quand nos foyers sont doux et sûrs, nous oublions

Malgré nous, près du feu, les grelottants haillons,

Et le bruit des canons, le fauve éclair des lames,

Dans les yeux des enfants et dans la voix des femmes;

Ou, nous-mêmes sujets au sort des malheureux,

Nous tournons nos regards sur nous plus que sur eux.

Ah! si nos cœurs bornés que distrait ou resserre

Leur félicité même ou leur propre misère,

A tant de maux si grands ne se peuvent ouvrir,

Qu'ils aient honte du moins de n'en pas plus souffrir !

LE VASE ET L'OISEAU

Tout seul au plus profond d'un bois,
Dans un fouillis de ronce et d'herbe,
Se dresse, oublié, mais superbe,
Un grand vase du ten   des rois.

Beau de matière et pur de ligne,
Il a pour anse deux béliers
Qu'un troupeau d'amours familiers
Enlace d'une souple vigne.

A ses bords autrefois tout blancs
La mousse noire append son givre;
Une lèpre aux couleurs de cuivre
Étoile et dévore ses flancs.

Son poids a fait pencher sa base
Où gît un amas de débris,
Car il a ses angles meurtris,
Mais il tient bon l'orgueilleux vase.

Il songe : « Autour de moi tout dort,
Que fait le monde? Je m'ennuie,
Mon cratère est plein d'eau de pluie,
D'ombre, de rouille, et de bois mort.

Où donc aujourd'hui se promène
Le flot soyeux des courtisans?
Je n'ai pas vu figure humaine
A mon pied depuis bien des ans. »

Pendant qu'il regrette sa gloire,

Perdu dans cet exil obscur,

Un oiseau par un trou d'azur

S'abat sur ses lèvres pour boire.

« Holà! manant du ciel, dis-moi,

Toi devant qui l'horizon s'ouvre,

Sais-tu ce qui se passe au Louvre?

Je n'entends plus parler du roi.

—Ah! tu prends à l'heure où nous sommes,

Dit l'autre, un bien tardif souci!

Rien n'est donc venu jusqu'ici

Des branle-bas qu'ont faits les hommes?

— Parfois un soubresaut brutal,

Des rumeurs extraordinaires,

Comme de souterrains tonnerres

Font tressaillir mon piédestal.

— C'est l'écho de leurs grands vacarmes :
Plus une tour, plus un clocher
Où l'oiseau puisse en paix nicher.
Partout l'incendie et les armes !

« J'ai naguère, à Paris, en vain
Heurté du bec les vitres closes, .
Nulle part, même aux lèvres roses,
La moindre miette de vrai pain.

« Aux mansardes des Tuileries
Je logeais, le printemps passé,
Mais les flammes m'en ont chassé.
Ce n'était que feux et tueries.

« Sur le front du génie ailé
Qui plane où sombra la Bastille,
.''ai voulu poser ma famille,
Mais cet asile a chancelé.

Des murs de granit qu'on restaure
Nous sommes l'un et l'autre exclus,
Là le temps des palais n'est plus,
Et celui des nids, pas encore. »

L'ALPHABET

Il gît au fond de quelque armoire
Ce vieil alphabet tout jauni,
Ma première leçon d'histoire,
Mon premier pas vers l'infini.

Toute la Genèse y figure;
Le lion, l'ours et l'éléphant;
Du monde la grandeur obscure
Y troublait mon âme d'enfant.

Sur chaque bête un mot énorme
Et d'un sens toujours inconnu,
Posait l'énigme de sa forme
A mon désespoir ingénu.

Ah ! dans ce lent apprentissage
La cause de mes pleurs, c'était
La lettre noire, et non l'image
Où la Nature me tentait.

Maintenant j'ai vu la Nature
Et ses splendeurs, j'en ai regret :
Je ressens toujours la torture
De la merveille et du secret,

Car il est un mot que j'ignore
Au beau front de ce sphinx écrit,
J'en épelle la lettre encore
Et n'en saurai jamais l'esprit.

SUR LA MORT

I

On ne songe à la Mort que dans son voisinage :
Au sépulcre éloquent d'un être qui m'est cher,
J'ai pour m'en pénétrer fait un pèlerinage,
Et je pèse aujourd'hui ma tristesse d'hier.

Je veux, à mon retour de cette sombre place
Où semblait m'envahir la funèbre torpeur,
Je veux me recueillir, et contempler en face
La Mort, la grande Mort, sans défi mais sans peur.

Assiste ma pensée, austère Poésie
Qui sacres de beauté ce qu'on a bien senti ;
Ta sévère caresse aux pleurs vrais s'associe,
Et tu sais que mon cœur ne t'a jamais menti.

Si ton charme n'est point un misérable leurre,
Ton art un jeu servile, un vain culte sans foi,
Ne m'abandonne pas précisément à l'heure
Où pour ne pas sombrer j'ai tant besoin de toi.

Devant l'atroce énigme où la raison succombe,
Si la mienne fléchit tu la relèveras ;
Fais-moi donc explorer l'infini d'outre-tombe
Sur ta grande poitrine entre tes puissants bras ;

Fais taire l'envieux qui t'appelle frivole,
Toi qui dans l'inconnu fais crier des échos,
Et prêtes par l'accent, plus sûr que la parole,
Un sens révélateur au seul frisson des mots.

Ne crains pas qu'au tombeau la morte s'en offense,

O Poésie, ô toi, mon naturel secours,

Ma seconde berceuse au sortir de l'enfance,

Qui seras la dernière au dernier de mes jours.

II

Hélas ! j'ai trop songé sous les blêmes ténèbres

Où les astres ne sont que des bûchers lointains,

Pour croire qu'échappé de ses voiles funèbres

L'homme s'envole et monte à de plus beaux matins ;

J'ai trop vu sans raison pâtir les créatures,

Pour croire qu'il existe au delà d'ici-bas

Quelque plaisir sans pleurs, quelque amour sans tortures,

Quelque être ayant pris forme et qui ne souffre pas.

8

Toute forme est sur terre un vase de souffrances,
Qui, s'usant à s'emplir, se brise au moindre heurt ;
Apparence mobile entre mille apparences
Toute vie est sur terre un flot qui roule et meurt.

N'es-tu plus qu'une chose au vague aspect de femme,
N'es-tu plus rien ? Je cherche à croire sans effroi
Que, ta vie et ta chair ayant rompu leur trame,
Aujourd'hui, morte aimée, il n'est plus rien de toi.

Je ne puis, je subis des preuves que j'ignore.
S'il ne restait plus rien pour m'entendre en ce lieu,
Même après mainte année y reviendrais-je encore
Répéter au néant un inutile adieu.

Serais-je épouvanté de te laisser sous terre ?
Et navré de partir, sans pouvoir t'assister
Dans la nuit formidable où tu gis solitaire,
Penserais-je à fleurir l'ombre où tu dois rester ?

III

Pourtant je ne sais rien, rien, pas même ton âge :
Mes jours font suite au jour de ton dernier soupir,
Les tiens n'ont-ils pas fait quelque immense passage
Du temps qui court au temps qui n'a plus à courir?

Ont-ils joint leur durée à l'ancienne durée?
Pour toi s'enchaînent-ils aux ans chez nous vécus?
Ou dois-tu quelque part, immuable et sacrée,
Dans l'absolu survivre à ta chair qui n'est plus?

Certes, dans ma pensée, aux autres invisible,
Ton image demeure impossible à ternir,
Où t'évoque mon cœur tu luis incorruptible,
Mais serais-tu sans moi, hors de mon souvenir?

Servant de sanctuaire à l'ombre de ta vie,
Je la préserve encor de périr en entier.
Mais que suis-je ? Et demain quand je t'aurai suivie,
Quel ami me promet de ne pas t'oublier ?

Depuis longtemps ta forme est en proie à la terre,
Et jusque dans les cœurs elle meurt par lambeaux,
J'en voudrais découvrir le vrai dépositaire,
Plus sûr que tous les cœurs et que tous les tombeaux.

IV

Les mains, dans l'agonie, écartent quelque chose.
Est-ce aux maux d'ici-bas l'impatient adieu
Du mourant qui pressent sa lente apothéose ?
Ou l'horreur d'un calice imposé par un dieu ?

Est-ce l'élan qu'imprime au corps l'âme envolée ?
Ou contre le néant un héroïque effort ?
Ou le jeu machinal de l'aiguille affolée,
Quand le balancier tombe, oublié du ressort ?

Naguère ce problème où mon doute s'enfonce,
Ne semblait pas m'atteindre assez pour m'offenser ;
J'interrogeais de loin, sans craindre la réponse,
Maintenant je tiens plus à savoir qu'à penser.

Ah ! doctrines sans nombre où l'été de mon âge
Au vent froid du discours s'est flétri sans mûrir,
De mes veilles sans fruit réparez le dommage,
Prouvez-moi que la morte ailleurs doit refleurir,

Ou bien qu'anéantie, à l'abri de l'épreuve,
Elle n'a plus jamais de calvaire à gravir,
Ou que, la même encor sous une forme neuve,
Vers la plus haute étoile elle se sent ravir !

8

Faites-moi croire enfin dans le néant ou l'être,
Pour elle et tous les morts que d'autres ont aimés,
Ayez pitié de moi, car j'ai faim de connaître,
Mais vous n'enseignez rien, verbes inanimés !

Ni vous, dogmes cruels, insensés que vous êtes,
Qui du Juif magnanime avez couvert la voix ;
Ni toi, qui n'es qu'un bruit pour les cerveaux honnêtes,
Vaine philosophie où tout sombre à la fois ;

Toi non plus, qui sur Dieu résignée à te taire
Changes la vision pour le tâtonnement,
Science, qui partout te heurtant au mystère
Et n'osant l'affronter, l'ajournes seulement.

Des mots ! des mots ! Pour l'un la vie est un prodige,
Pour l'autre un phénomène. Eh ! que m'importe à moi !
Nécessaire ou créé je réclame, vous dis-je,
Et vous les ignorez, ma cause et mon pourquoi.

V

Puisque je n'ai pas pu, disciple de tant d'autres,
Apprendre ton vrai sort, ô morte que j'aimais,
Arrière les savants, les docteurs, les apôtres,
Je n'interroge plus, je subis désormais.

Quand la nature en nous mit ce qu'on nomme l'âme,
Elle a contre elle-même armé son propre enfant ;
L'esprit qu'elle a fait juste au nom du droit la blâme,
Le cœur qu'elle a fait haut la méprise en rêvant.

Avec elle longtemps, de toute ma pensée
Et de tout mon amour, j'ai lutté corps à corps,
Mais sur son œuvre inique, et pour l'homme insensée,
Mon front et ma poitrine ont brisé leurs efforts.

Sa loi qui par le meurtre a fait le choix des races,
Abominable excuse au carnage que font
Des peuples malheureux les nations voraces,
De tout aveugle espoir m'a vidé l'âme à fond,

Je succombe épuisé, comme en pleine bataille,
Un soldat, par la veille et la marche affaibli,
Sans vaincre, ni mourir d'une héroïque entaille,
Laisse en lui les clairons s'éteindre dans l'oubli ;

Pourtant sa cause est belle, et si doux est d'y croire
Qu'il cherche en sommeillant la vigueur qui l'a fui,
Mais trop las pour frapper il lègue la victoire
Aux fermes compagnons qu'il sent passer sur lui.

Ah ! qui que vous soyez, vous qui m'avez fait naître,
Qu'on vous nomme hasard, force, matière ou dieux,
Accomplissez en moi, qui n'en suis pas le maître,
Les destins sans refuge, aussi vains qu'odieux.

Faites, faites de moi tout ce que bon vous semble,
Ouvriers inconnus de l'infini malheur,
Je viens de vous maudire, et voyez si je tremble,
Prenez ou me laissez mon souffle et ma chaleur !

Et si je dois fournir aux avides racines
De quoi changer mon être en mille êtres divers,
Dans l'éternel retour des fins aux origines
Je m'abandonne en proie aux lois de l'univers.

DÉFAILLANCE ET SCRUPULE

I

Mon besoin de songe et de fable,
La soif malheureuse que j'ai
De quelque autre vie ineffable,
Me laisse tout découragé.

Quand d'un beau vouloir je m'avise,
Je me répète en vain : « Je veux.
— A quoi bon ? » répond la devise
Qui rend stériles tous les vœux.

A quoi bon nos miettes d'aumône ?

Si la plèbe veut s'assouvir ;

Ou nos rêves d'État sans trône ?

S'il plaît au peuple de servir.

A quoi bon rapprendre la guerre ?

S'il faut toujours qu'elle ait pour but

Le gain menteur, cher au vulgaire,

D'une auréole et d'un tribut.

A quoi bon la lente science ?

Si l'homme ne peut entrevoir,

Après tant d'âpre patience,

Que les bornes de son savoir.

A quoi bon l'amour ? si l'on aime

Pour propager un cœur souffrant,

Le cœur humain, toujours le même

Sous le costume différent.

A quoi bon, si la terre est ronde,
Notre infinie avidité ?
On est si vite au bout d'un monde,
Quand il n'est pas illimité !

Or ma soif est celle de l'homme,
Je n'ai pas de désir moyen,
Il me faut l'élite et la somme,
Il me faut le souverain bien !

II

Ainsi mon orgueil dissimule
Les défaillances de ma foi,
Mais je sens bientôt un scrupule
Qui s'élève et murmure en moi :

9

Mon fier désespoir n'est peut-être
Qu'une excuse à ne point agir,
Et, comme au fond je me sens traître,
Un prétexte à n'en point rougir,

Un dédain paresseux qui ruse
Avec la rigueur du devoir,
Et de l'idéal même abuse
Pour me dispenser de vouloir.

Parce que la terre est bornée,
N'y faut-il voir qu'une prison,
Et faillir à la destinée
Qu'embrasse et clôt son horizon?

Parce que l'amour perpétue
La vie et ses âpres combats,
Vaudra-t-il mieux qu'Adam se tue
Et qu'Athènes n'existe pas?

Parce que la science est brève.

Et le mystère illimité,

Faut-il lui préférer le rêve

Ou la complète cécité ?

Parce que la guerre nous lasse,

Faut-il par mépris des plus forts,

Tendant la gorge au coup de grâce,

Leur fumer nos champs de nos corps ?

Parce que la force nombreuse

Appelle droit son bon plaisir,

Songe creux le savoir qui creuse,

Et l'art qui plane : vain loisir,

Faut-il laisser cette sauvage

Brûler les œuvres des neuf Sœurs

Pour venger l'antique esclavage

Nourricier des premiers penseurs !

Ah ! faut-il que de la justice,

Et de l'amour, désespérant,

Le cœur déçu se rapetisse

Dans un exil indifférent ?

Non, toute la phalange auguste

Des créateurs, doit pour ses dieux,

Qui sont le vrai, le beau, le juste,

Combattre en dessillant les yeux,

Et du temple où chaque âge apporte

Le fruit sacré de ses efforts,

Ouvrir à deux battants la porte,

En défendre à mort les trésors !

SURSUM CORDA

Si tous les astres, ô Nature,
Trompant la main qui les conduit,
S'entre-choquaient par aventure
Pour se dissoudre dans la nuit ;

Ou comme une flotte qui sombre,
Si ces foyers, grands et petits,
Lentement dévorés par l'ombre,
Y disparaissaient engloutis,

Tu pourrais repeupler l'abîme,
Et rallumer un firmament
Plus somptueux et plus sublime,
Avec la terre seulement!

Car il te suffirait, pour rendre
A l'infini tous ses flambeaux,
D'y secouer l'humaine cendre
Qui sommeille au fond des tombeaux,

La cendre des cœurs innombrables,
Enfouis, mais brûlants toujours,
Où demeurent inaltérables
Dans la mort d'immortels amours.

Sous la terre, dont les entrailles
Absorbent les cœurs trépassés,
En six mille ans de funérailles
Quels trésors de flamme amassés!

Combien dans l'ombre sépulcrale
Dorment d'invisibles rayons!
Quelle semence sidérale
Dans la poudre des passions !

Ah! que sous la voûte infinie
Périssent les anciens soleils,
Avec les éclairs du génie
Tu feras des midis pareils ;

Tu feras des nuits populeuses,
Des nuits pleines de diamants,
En leur donnant pour nébuleuses
Tous les rêves des cœurs aimants;

Les étoiles plus solitaires,
Éparses dans le sombre azur,
Tu les feras des cœurs austères
Où veille un feu profond et sûr ;

Et tu feras la blanche voie

Qui nous semble un ruisseau lacté,

De la pure et sereine joie

Des cœurs morts avant leur été;

Tu feras jaillir tout entière

L'antique étoile de Vénus

D'un atome de la poussière

Des cœurs qu'elle embrasa le plus;

Et les fermes cœurs, pour l'attaque

Et la résistance doués,

Reformeront le zodiaque

Où les Titans furent cloués!

Pour moi-même enfin, grain de sable

Dans la multitude des morts,

Si ce que j'ai d'impérissable

Doit scintiller au ciel d'alors,

Qu'un astre généreux renaisse
De mes cendres à leur réveil!
Rallume au feu de ma jeunesse
Le plus clair, le plus chaud soleil!

Rendant sa flamme primitive
A Sirius, des nuits vainqueur,
Fais-en la pourpre encor plus vive
Avec tout le sang de mon cœur!

A L'OCÉAN

SONNET.

Océan, que vaux-tu dans l'infini du Monde ?
Toi, si large à nos yeux enchaînés sur tes bords,
Mais étroit pour notre âme aux rebelles essors,
Qui du haut des soleils te mesure et te sonde ;

Presque éternel pour nous plus instables que l'onde,
Mais pourtant, comme nous, œuvre et jouet des sorts,
Car tu nous vois mourir, mais des astres sont morts,
Et nulle éternité dans les jours ne se fonde.

Comme une vaste armée où l'héroïsme bout
Marche à l'assaut d'un mur, tu viens heurter la roche,
Mais la roche est solide et reparaît debout.

Va, tu n'es cru géant que du nain qui t'approche :
Ah ! je t'admirais trop, le ciel me le reproche,
Il me dit : « Rien n'est grand ni puissant que le Tout ! »

A RONSARD

O maître des charmeurs de l'oreille, ô Ronsard,
J'admire tes vieux vers, et comment ton génie
Aux lois d'un juste sens et d'une ample harmonie
Sait dans le jeu des mots asservir le hasard.

Mais, plus que ton beau verbe et plus que ton grand art,
J'aime ta passion d'antique poésie,
Et cette téméraire et sainte fantaisie
D'être un nouvel Orphée aux hommes nés trop tard.

Ah ! depuis que les cieux, les champs, les bois, et l'onde,

N'avaient plus d'âme, un deuil assombrissait le monde,

Car le monde sans lyre est comme inhabité !

Tu viens, tu ressaisis la lyre, tu l'accordes,

Et, fier, tu rajeunis la gloire des sept cordes,

Et tu refais aux dieux une immortalité.

A THÉOPHILE GAUTIER

Maître, qui du grand art levant le pur flambeau,
Pour consoler la chair besoigneuse et fragile,
Rendis sa gloire antique à cette exquise argile,
Ton corps va donc subir l'outrage du tombeau !

Ton âme a donc rejoint le somnolent troupeau
Des ombres sans désirs, où l'attendait Virgile,
Toi qui né pour le jour d'où le trépas t'exile,
Faisais des Voluptés les prêtresses du Beau !

Ah! les dieux (si les dieux y peuvent quelque chose)
Devaient ravir ce corps dans une apothéose,
D'incorruptible chair l'embaumer pour toujours,

Et l'âme! l'envoyer dans la Nature entière,
Savourer librement, éparse en la matière,
L'ivresse des couleurs et la paix des contours!

AUX POËTES FUTURS

Poëtes à venir, qui saurez tant de choses,
Et les direz sans doute en un verbe plus beau,
Portant plus loin que nous un plus large flambeau
Sur les suprêmes fins et les premières causes;

Quand vos vers sacreront des pensers grandioses,
Depuis longtemps déjà nous serons au tombeau;
Rien ne vivra de nous qu'un terne et froid lambeau
De notre œuvre enfouie avec nos lèvres closes.

Songez que nous chantions les fleurs et les amours
Dans un âge plein d'ombre, au mortel bruit des armes,
Pour des cœurs anxieux que ce bruit rendait sourds ;

Lors plaignez nos chansons, où tremblaient tant d'alarmes,
Vous qui, mieux écoutés, ferez en d'heureux jours
Sur de plus hauts objets des poèmes sans larmes.

TABLE

Imprimé

PAR J. CLAYE

POUR

A LEMERRE, LIBRAIRE

A PARIS.

ALPHONSE LEMERRE

ŒUVRES DE SULLY PRUDHOMME

Édition in-18 Jésus

STANCES ET POÈMES, 1 volume (*épuisé*) . . . .

LES ÉPREUVES (*sonnets*), 1 volume . . . .

LES SOLITUDES, 1 volume . . . . .

LE PREMIER LIVRE DE LUCRÈCE, trad. en vers . .

LES DESTINS (*poème*), 1 volume . . . . .

LA RÉVOLTE DES FLEURS (*poème*), 1 volume

LA FRANCE (*sonnets*), 1 volume . . . . .

www.ingramcontent.com/pod-product-compliance
Lightning Source LLC
Chambersburg PA
CBHW052049090426

42739CB00010B/2103